KB205818

예수가 전한 말

선   물

홍림 의 마음

넓고 붉은 숲이라는 중의적 의미를 닮고 있는 〈홍림〉은, 세상을 향해 그리스도인들이 추구해야할 사유와 그리스도교적
행동양식의 바람직한 길을 모색하고자 노력하고 있습니다. 폭넓은 독자층을 향해 열린 시각으로 이 시대 그리스도인의 역
할 고민을 감당하며, 하늘의 소망을 품고 사는 은혜 받은 '붉은 무리'紅林:홍림로서의 숲을 조성하는데 〈홍림〉이 독자 여러
분과 함께하고자 합니다.

예수가 전한 말

선   물

엮은이 편집부

캘리그라피 정선주

펴낸이 김은주

초판 1쇄 인쇄   2019년 01월 25일

초판 1쇄 발행   2019년 01월 30일

펴낸곳 홍   림

등록번호 제312-2007-000044호

등록일자 2007.10.12

주소 서울특별시 서대문구 거북골로 14길 60

전자우편 hongrimpub@gmail.com

전화 070-4063-2617

팩스 070-7569-2617

전자우편 hongrimpub@gmail.com

블로그 http://blog.naver.com/hongrimpub

페이스북 https://www.facebook.com/hongrimbook

트위터 http://mobile.twitter.com/@hongrimpub

카카오스토리 https://story.kakao.com/#hongrimbook

값은 표지에 있습니다.

ISBN 978-89-6934-017-7 (03230)

국립중앙도서관 출판예정도서목록(CIP)

선물 : 예수가 전한 말 / 역은이: [홍림] 편집부. ― 서울 :
홍림, 2019
    p. ;   cm

표제관련정보: 마태복음 예수의 워딩만 모은 필사집
ISBN 978-89-6934-017-7 03230 : ₩13600

성경[聖經]
필사[筆寫]

233-KDC6
220-DDC23   CIP2019001947

예수가 전한 말

씨앗

캘리그라피 정선주

홍림

일러두기

1. 이 책에서 택한 성경은 새번역이며 문장의 행은 지면 환경에 맞게 조정하였습니다.

2. 이 책은 마태복음 안에서 예수가 전한 '말'만을 필사 대상으로 삼았습니다.

3. 문맥의 이해를 돕고자, 예수의 말씀이 나오기 전에 상황 설명이 필요한 성경구절은 작은 글씨로, 필사할 문장은 볼드 처리나 색 처리로 구분했습니다.

그만이 쉼이고 치유

삶의 온갖 편리는 역설적이게도 사람의 두려움을 키우는 힘을 갖고 있는 것 같습니다. 지구 반대편에 사는 개인의 사적인 소식조차 분초 단위로 접하는 신통방통한 세상을 살지만 정작 사람들의 마음은 더 황량해지고, 근심은 더 늘어나고, 관계들은 더 각박해졌습니다. 편리로 무장한 복잡한 세상의 자본과 학설들은 그리스도인의 믿음을 어지럽게 하고 정체성마저 흔듭니다.

그 어떤 세대보다 편리로 풍족을 누리는 21세기 이즘, 디지털화된 환경에서 마음의 아픔과 쉼을 호소하며 아날로그 감성으로 회귀를 좇는 이들이 많아졌습니다. 그들은 힐링을 말하고 치유를 소망합니다. 쉼을 위한 도전은 많으나 진정한 쉼과 치유는 세상 어디에도 없어 답답해 합니다. 주님께서는 말씀하셨습니다.

"나의 멍에를 메고 내게 배우라 그리하면 너희 마음이 쉼을 얻으리니"
"내 멍에는 쉽고 내 짐은 가벼움이라"

진리를 전하고 가신 그분의 메시지입니다. 예수, 그분의 육성을 듣듯 산상설교를 비롯해 공생애 3년간의 말씀이 가득 담긴 마태복음을 필사 주제로 택한 것은 이런 이유에서입니다. 『예수가 전한 말_선물』이, 주님의 말씀을 통해 그분이 우리에게 진정으로 주시고자 했던 '안전'을 취할 수 있는 시간의 선물이길 바랍니다. 그분의 말씀 한 구절 한 구절을 따라가며 심비에 새기듯 마음에 담고, 복잡한 세상 가운데 헝클어지고 두려움과 근심 가득했던 영혼에 쉼과 힐링을 얻는 귀한 '예수와 나'만의 공간이 되길 소망합니다.

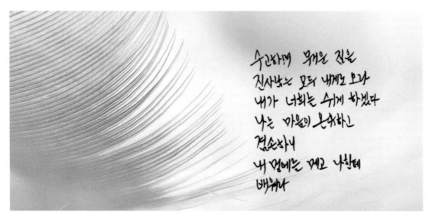

강춘대〔선한목자교회 장로 · (주)차이 대표〕　　　　114 * 115쪽_주님의 멍에와 우리의 쉼

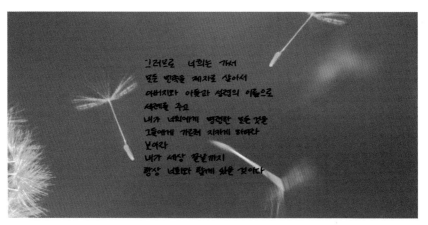

김경은〔아프리카 C국 선교사〕　　　　222 * 223쪽_사명

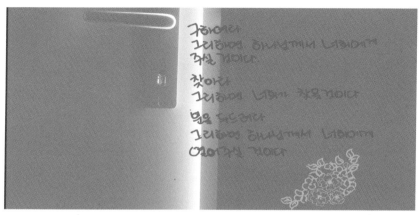

구하여라
그리하면, 하나님께서 너희에게
주실 것이다.

찾아라
그리하면 너희가 찾을 것이다

문을 두드려라
그리하면 하나님께서 너희에게
열어주실 것이다

김금희 〔세계로교회 집사 · 별비화분 대표〕

64 * 65쪽_구 · 찾 · 문

너희는 자기를 위하여
보물을 땅에다가 쌓아 두지 말아라.
땅에서는 좀이 먹고 녹이 슬어서 망가지며,
도둑들이 뚫고 들어와서 훔쳐간다.
그러므로 너희를 위하여
보물을 하늘에 쌓아 두어라.
거기에는 좀이 먹고 녹이 슬어서 망가지는 일이 없고,
도둑들이 뚫고 들어와서 훔쳐 가지도 못한다.
너의 보물이 있는 곳에, 너의 마음도 있을 것이다.

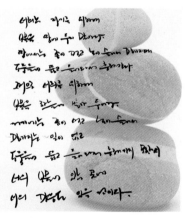

너희는 각자 위하여
보물 땅에 두지 말아라
땅에서는 좀이 먹고 녹이 슬어서 망가지며
도둑들이 뚫고 들어와서 훔쳐가라
제발 너희를 위하여
보물을 하늘에 쌓아 두어라
거기에는 좀이 먹고 녹이 슬어
망가지는 일이 없고
도둑들이 뚫고 들어와서 훔쳐가지 못해
너의 보물이 있는 곳에
너의 마음도 있을 것이다.

박규영 〔선한목자교회 집사 · kyu _design 수석디자이너〕

48 * 49쪽_보물이 있는 곳

차 례

광야 시험

마태복음 4장 1~11절

그 즈음에 예수께서 성령에 이끌려 광야로 가셔서, 악마에게 시험을 받으셨다. 예수께서 밤낮 사십 일을 금식하시니, 시장하셨다. 그런데 시험하는 자가 와서, 예수께 말하였다. "네가 하나님의 아들이거든, 이 돌들에게 빵이 되라고 말해 보아라." 예수께서 대답하셨다.

성경에 기록하기를 '사람이 빵으로만 살 것이 아니라, 하나님의 입에서 나오는 모든 말씀으로 살 것이다' 하였다.

그 때에 악마는 예수를 그 거룩한 도성으로 데리고 가서, 성전 꼭대기에 세우고 말하였다. "네가 하나님의 아들이거든, 여기에서 뛰어내려 보아라. 성경에 기록하기를 '하나님이 너를 위하여 자기 천사들에게 명하실 것이다' 그리고 '그들이 손으로 너를 떠받쳐서, 너의 발이 돌에 부딪치지 않게 할 것이다' 하였다." 예수께서 악마에게 말씀하셨다.

또 성경에 기록하기를 '주 너의 하나님을 시험하지 말아라' 하였다.

또다시 악마는 예수를 매우 높은 산으로 데리고 가서, 세상의 모든 나라와 그 영광을 보여 주고 말하였다. "네가 나에게 엎드려서 절을 하면, 이 모든 것을 네게 주겠다." 그 때에 예수께서 그에게 말씀하셨다.

사탄아, 물러가라.
성경에 기록하기를 '주 너의 하나님께 경배하고, 그분만을 섬겨라' 하였다.

이 때에 악마는 떠나가고, 천사들이 와서, 예수께 시중을 들었다.

소명

마태복음 4장 12~20절

예수께서, 요한이 잡혔다고 하는 말을 들으시고, 갈릴리로 돌아가셨다.

그리고 그는 나사렛을 떠나,

스불론과 납달리 지역 바닷가에 있는 가버나움으로 가서 사셨다.

이것은 예언자 이사야를 시켜서 하신 말씀을 이루시려는 것이었다.

"스불론과 납달리 땅, 요단 강 건너편, 바다로 가는 길목, 이방 사람들의 갈릴리,

어둠에 앉아 있는 백성이 큰 빛을 보았고,

그늘진 죽음의 땅에 앉은 사람들에게 빛이 비치었다."

그 때부터 예수께서는

회개하여라. 하늘나라가 가까이 왔다.

하고 선포하기 시작하셨다.

예수께서 갈릴리 바닷가를 걸어가시다가,

두 형제, 베드로라는 시몬과 그와 형제간인 안드레가 그물을 던지고 있는 것을 보셨다.

그들은 어부였다.

예수께서 그들에게 말씀하셨다.

나를 따라오너라.

나는 너희를 사람을 낚는 어부로 삼겠다.

그들은 곧 그물을 버리고 예수를 따라갔다.

팔복

마태복음 5장 1~7절

예수께서 무리를 보시고, 산에 올라가 앉으시니, 제자들이 그에게 나아왔다.
예수께서 입을 열어서 그들을 가르치셨다.

마음이 가난한 사람은 복이 있다.
하늘나라가 그들의 것이다.
슬퍼하는 사람은 복이 있다.
하나님이 그들을 위로하실 것이다.
온유한 사람은 복이 있다.
그들이 땅을 차지할 것이다.
의에 주리고 목마른 사람은 복이 있다.
그들이 배부를 것이다.
자비한 사람은 복이 있다.
하나님이 그들을 자비롭게 대하실 것이다.

마음이 깨끗한 사람은 복이 있다.

그들이 하나님을 볼 것이다.

평화를 이루는 사람은 복이 있다.

하나님이 그들을 자기의 자녀라고 부르실 것이다.

의를 위하여 박해를 받은 사람은 복이 있다.

하늘나라가 그들의 것이다.

너희가 나 때문에 모욕을 당하고, 박해를 받고,

터무니없는 말로 온갖 비난을 받으면, 복이 있다.

너희는 기뻐하고 즐거워하여라.

하늘에서 받을 너희의 상이 크기 때문이다.

너희보다 먼저 온 예언자들도 이와 같이 박해를 받았다.

너희는 세상의 소금이다.
소금이 짠 맛을 잃으면
무엇으로 1 짠 맛을 되찾게 하겠느냐?
짠 맛을 잃어버린 소금은
아무데도 쓸데가 없으므로,
바깥에 내버려서 사람들이
짓밟을 뿐이다.

너희는 빛
세상의 것이다
산 위에 세운 마을은 숨길 수 없다.
또 사람이 등불을 켜서 말 아래에다.
내려놓지 아니하고
등경 위에다 놓아둔다.
그래야 등불이 집 안에 있는
모든 사람에게 환히 비친다.

착한 행실로 영광을 돌리라

마태복음 5장 16절

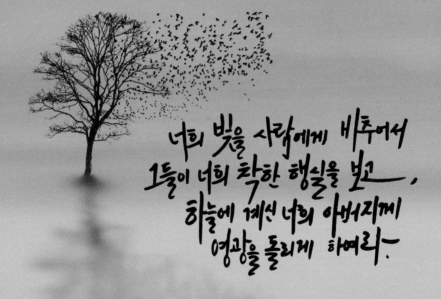

너희 빛을 사람에게 비추어서
그들이 너의 착한 행실을 보고,
하늘에 계신 너의 아버지께
영광을 돌리게 하여라.

내가 율법이나 예언자들의 말을 폐하러 온 줄로

생각하지 말아라.

폐하러 온 것이 아니라, 완성하러 왔다.

내가 진정으로 너희에게 말한다.

천지가 없어지기 전에는 율법은 일점일획도 없어지지 않고,

다 이루어질 것이다.

그러므로 누구든지 이 계명 가운데 아주 작은 것 하나라도

어기고 사람들을 그렇게 가르치는 사람은,

하늘나라에서 아주 작은 사람으로 일컬어질 것이요,

또 누구든지 계명을 행하며 가르치는 사람은,

하늘나라에서 큰 사람이라고 일컬어질 것이다.

내가 너희에게 말한다.

너희의 의가 율법학자들과 바리새파 사람들의

의보다 낫지 않으면,

너희는 하늘나라에 들어가지 못할 것이다.

마태복음 5장 23~25절

네가 제단에 제물을 드리려고 하다가,

네 형제나 자매가 네게 어떤 원한을

품고 있다는 생각이 나거든,

너는 그 제물을 제단 앞에 놓아두고,

먼저 가서 네 형제나 자매와 화해하여라.

그런 다음에 돌아와서 제물을 드려라.

너를 고소하는 사람과 함께 법정으로 갈 때에는,

도중에 얼른 그와 화해하도록 하여라.

그렇지 않으면, 고소하는 사람이 너를 재판관에게 넘겨주고,

재판관은 형무소 관리에게 넘겨주어서,

그가 너를 감옥에 집어넣을 것이다.

마태복음 5장 33~37절

옛 사람들에게 말하기를

'너는 거짓 맹세를 하지 말아야 하고,

네가 맹세한 것은 그대로 주님께 지켜야 한다' 한 것을,

너희는 또한 들었다.

그러나 나는 너희에게 말한다.

아예 맹세하지 말아라.

하늘을 두고도 맹세하지 말아라.

그것은 하나님의 보좌이기 때문이다.

땅을 두고도 맹세하지 말아라.

그것은 하나님께서 발을 놓으시는 발판이기 때문이다.

예루살렘을 두고도 맹세하지 말아라.

그것은 크신 임금님의 도성이기 때문이다.

네 머리를 두고도 맹세하지 말아라.

너는 머리카락 하나라도

희게 하거나 검게 할 수 없기 때문이다.

너희는 '예' 할 때에는 '예'라는 말만 하고,

'아니오' 할 때에는 '아니오'라는 말만 하여라.

이보다 지나치는 것은 악에서 나오는 것이다.

악한 이에 맞서지 말라
———————————
마태복음 5장 38~40절

눈은 눈으로, 이는 이로 갚아라 하고

말한 것을 너희는 들었다.

그러나 나는 너희에게 말한다.

악한 사람에게 맞서지 말아라.
누가 네 오른쪽 뺨을 치거든,
왼쪽 뺨마저 돌려 대어라.
너를 걸어 고소하여 네 속옷을 가지려는 사람에게는,

겉옷까지도 내주어라.

꾸려는 이를 물리치지 말라

마태복음 5장 41~42절

누가 너더러 억지로 오 리를 가자고 하거든,

십 리를 같이 가 주어라.

네게 달라는 사람에게는 주고,
네게 꾸려고 하는 사람을 물리치지 말아라.

원수를 사랑하라

마태복음 5장 43~45절

'네 이웃을 사랑하고, 네 원수를 미워하여라'하고

말한 것을 너희는 들었다.

그러나 나는 너희에게 말한다.

너희 원수를 사랑하고,
너희를 박해하는 사람을 위하여 기도하여라.

그래야만 너희가

하늘에 계신 너희 아버지의 자녀가 될 것이다.

아버지께서는, 악한 사람에게나 선한 사람에게나

똑같이 해를 떠오르게 하시고,

의로운 사람에게나 불의한 사람에게나

똑같이 비를 내려주신다.

너희도 완전하라

마태복음 5장 46~47절

너희를 사랑하는 사람만 너희가 사랑하면,
무슨 상을 받겠느냐?
세리도 그만큼은 하지 않느냐?
또 너희가 너희 형제자매들에게만 인사를 하면서 지내면,
남보다 나을 것이 무엇이냐?
이방 사람들도 그만큼은 하지 않느냐?

그러므로
하늘에 계신
너희 아버지께서 완전하신 것 같이,
너희도 완전하여라.

자선 행위는 숨겨두라

마태복음 6장 1~4절

너희는 남에게 보이려고 의로운 일을 사람들

앞에서 하지 않도록 조심하여라.

그렇지 않으면, 너희는 하늘에 계신 너희 아버지에게서 상을 받지 못한다.

그러므로 네가 자선을 베풀 때에는,

위선자들이 사람들에게 칭찬을 받으려고 회당과 거리에서 그렇게 하듯이,

네 앞에 나팔을 불지 말아라.

내가 진정으로 너희에게 말한다.

그들은 자기네 상을 이미 다 받았다.

너는 자선을 베풀 때에는, 오른손이 하는 일을 왼손이 모르게 하여,

네 자선 행위를 숨겨두어라.

그리하면, 남모르게 숨어서 보시는 네 아버지께서

너에게 갚아 주실 것이다.

참되게 기도하기

마태복음 6장 5~8절

너희는 기도할 때에, 위선자들처럼 하지 말아라.

그들은 사람들에게 보이려고,

회당과 큰 길 모퉁이에 서서 기도하기를 좋아한다.

내가 진정으로 너희에게 말한다.

그들은 자기네 상을 이미 다 받았다.

너는 기도할 때에,

골방에 들어가 문을 닫고서,

숨어서 계시는 네 아버지께 기도하여라.

그리하면 숨어서 보시는 너의 아버지께서

너에게 갚아 주실 것이다.

너희는 기도할 때에,

이방 사람들처럼 빈말을 되풀이하지 말아라.

그들은 말을 많이 하여야만 들어주시는 줄로 생각한다.

그러므로 그들을 본받지 말아라.

하나님 너희 아버지께서는, 너희가 구하기 전에,

너희에게 필요한 것이 무엇인지를 알고 계신다.

주기도

마태복음 6장 9~13절

하늘에 계신 우리 아버지,
  그 이름을 거룩하게 하여 주시며,
그 나라를 오게 하여 주시며,
  그 뜻을 하늘에서 이루심 같이,
  땅에서도 이루어 주십시오.
오늘 우리에게 필요한 양식을 내려 주시고
  우리가 우리에게 죄 지은 사람을
  용서하여 준 것 같이
  우리 죄를 용서하여 주시고
    우리를 시험에 들지 않게 하시고
악에서 구하여 주십시오.
  나라와 권세와 영광은
  영원히 아버지의 것입니다.
    아멘

너희가 남을 용서해주면,
너희 하늘 아버지께서도
너희를 용서해 주실 것이다.
그러나 너희가 남을 용서해주지 않으면,
너희 아버지께서도 너희 잘못을
용서해 주지 않으실 것이다.

마태복음 6장 19~21절

너희는 자기를 위하여

보물을 땅에다가 쌓아 두지 말아라.

땅에서는 좀이 먹고 녹이 슬어서 망가지며,

도둑들이 뚫고 들어와서 훔쳐간다.

그러므로 너희를 위하여

보물을 하늘에 쌓아 두어라.

거기에는 좀이 먹고 녹이 슬어서 망가지는 일이 없고,

도둑들이 뚫고 들어와서 훔쳐 가지도 못한다.

너의 보물이 있는 곳에, 너의 마음도 있을 것이다.

눈은 몸의 등불이다.
그러므로 네 눈이 성하면 네 온 몸이 밝을 것이요,
네 눈이 성하지 못하면 네 온 몸이 어두울 것이다.
그러므로 네 속에 있는 빛이 어두우면,
그 어둠이 얼마나 심하겠느냐?

마음의 주인

마태복음 6장 24절

아무도 두 주인을 섬기지 못한다.

한쪽을 미워하고 다른 쪽을 사랑하거나,

한쪽을 중히 여기고 다른 쪽을 업신여길 것이다.

너희는 하나님과 재물을 아울러 섬길 수 없다.

공중의 새를 보아라.

씨를 뿌리지도 않고, 거두지도 않고,

곳간에 모아들이지도 않으나,

너희의 하늘 아버지께서 그것들을 먹이신다.

너희는 새보다 귀하지 아니하냐?

너희 가운데서 누가, 걱정을 해서,

자기 수명을 한 순간인들 늘일 수 있느냐?

어찌하여 너희는 옷 걱정을 하느냐?

들의 백합화가 어떻게 자라는가 살펴보아라.

수고도 하지 않고, 길쌈도 하지 않는다.

그러나 내가 너희에게 말한다.

온갖 영화로 차려 입은 솔로몬도

이 꽃 하나와 같이 잘 입지는 못하였다.

오늘 있다가 내일 아궁이에 들어갈 들풀도

하나님께서 이와 같이 입히시거든,

하물며 너희들을 입히시지 않겠느냐?

믿음이 적은 사람들아!

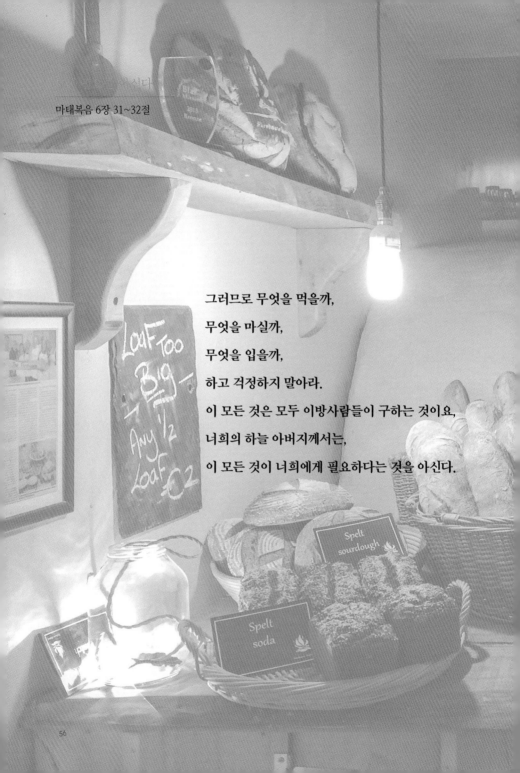

그러므로 무엇을 먹을까,

무엇을 마실까,

무엇을 입을까,

하고 걱정하지 말아라.

이 모든 것은 모두 이방사람들이 구하는 것이요,

너희의 하늘 아버지께서는,

이 모든 것이 너희에게 필요하다는 것을 아신다.

너희는 먼저
하나님의 나라와
하나님의 의를 구하여라.
그리하면 이 모든 것을
너희에게 더하여 주실 것이다.
그러므로 내일 일을 걱정하지 말아라.
내일 걱정은 내일 맡아서 할 것이다.
한 날의 괴로움은
그 날에 겪는 것으로 족하다.

내 눈의 들보

마태복음 7장 1~5절

너희가 심판을 받지 않으려거든, 남을 심판하지 말아라.

너희가 남을 심판하는 그 심판으로

하나님께서 너희를 심판하실 것이요,

너희가 되질하여 주는 그 되로 너희에게 되어서 주실 것이다.

어찌하여 너는 남의 눈 속에 있는 티는 보면서, 네 눈 속에 있는 들보는 깨닫지 못하느냐?

네 눈 속에는 들보가 있는데, 어떻게 남에게 말하기를

'네 눈에서 티를 빼내 줄테니 가만히 있거라'할 수 있겠느냐?

위선자야, 먼저 네 눈에서 들보를 빼내어라.

그래야 네 눈이 잘 보여서,

남의 눈 속에 있는 티를 빼 줄 수 있을 것이다.

거룩한 것을 개에게 주지 말고,
너희의 진주를 돼지 앞에 던지지 말아라.
그들이 발로 그것을 짓밟고,
되돌아서서, 너희를 물어뜯을지도 모른다.

구하여라
그리하면 하나님께서
너희에게 주실 것이다

찾아라
그리하면
너희가 찾을 것이다

문을 두드려라
그리하면 하나님께서
너희에게 열어 주실 것이다

마태복음 7장 8절

구하는 사람마다
얻을 것이요
찾는 사람마다
찾을 것이요
문을 두드리는 사람에게
열어 주실 것이다

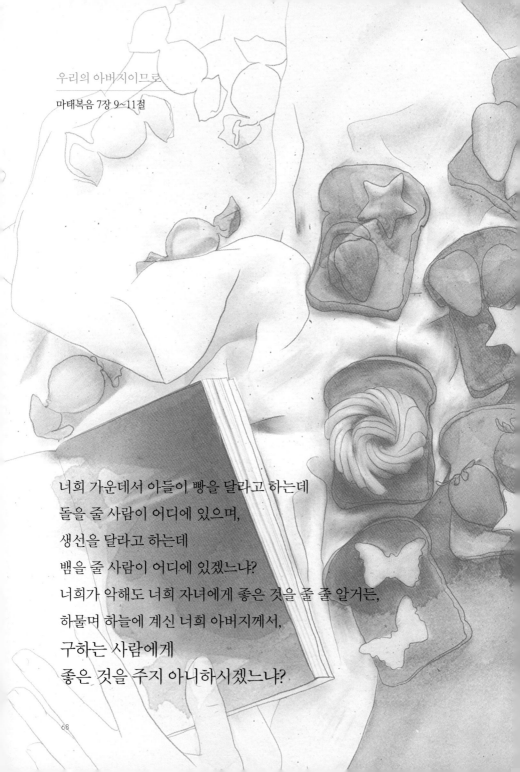

너희 가운데서 아들이 빵을 달라고 하는데
돌을 줄 사람이 어디에 있으며,
생선을 달라고 하는데
뱀을 줄 사람이 어디에 있겠느냐?
너희가 악해도 너희 자녀에게 좋은 것을 줄 줄 알거든,
하물며 하늘에 계신 너희 아버지께서,
구하는 사람에게
좋은 것을 주지 아니하시겠느냐?

황금률

마태복음 7장 12절

그러므로 너희는
무엇이든지,
남에게 대접을
받고자 하는 대로,
너희도 남을 대접 하여라.
이것이 율법과
예언서의 본 뜻이다.

좁은 문으로 들어가거라
멸망으로 이끄는 문은 넓고
그 길이 널찍하여서,
그리고 가는 사람이 많다.
생명으로 이끄는 문은 너무나도 좁고,
그 길이 비좁아서,
그것을 찾는 사람이 적다.

그러므로 내 말을 듣고 그대로 행하는 사람은,

반석 위에다 자기 집을 지은,

슬기로운 사람과 같다고 할 것이다.

비가 내리고, 홍수가 나고, 바람이 불어서,

그 집에 들이쳤지만, 무너지지 않았다.

그 집을 반석 위에 세웠기 때문이다.

그러나 나의 이 말을 듣고서도

그대로 행하지 않는 사람은,

모래 위에 자기 집을 지은,

어리석은 사람과 같다고 할 것이다.

비가 내리고, 홍수가 나고, 바람이 불어서,

그 집에 들이치니, 무너졌다.

그리고 그 무너짐이 엄청났다.

백부장의 믿음
마태복음 8장 5~13절

예수께서 가버나움에 들어가시니, 한 백부장이 다가와서, 그에게 간청하여 말하였다. "주님, 내 종이 중풍으로 집에 누워서 몹시 괴로워하고 있습니다." 예수께서 그에게 말씀하셨다.

내가 가서 고쳐 주마.

백부장이 대답하였다. "주님, 나는 주님을 내 집으로 모셔들일 만한 자격이 없습니다. 그저 한 마디 말씀만 해주십시오. 그러면 내 종이 나을 것입니다. 나도 상관을 모시는 사람이고, 내 밑에도 병사들이 있어서, 내가 이 사람더러 가라고 하면 가고, 저 사람더러 오라고 하면 옵니다. 또 내 종더러 이것을 하라고 하면 합니다." 예수께서 이 말을 들으시고, 놀랍게 여기셔서, 따라오는 사람들에게 말씀하셨다.

내가 진정으로 너희에게 말한다.
나는 지금까지 이스라엘 사람 가운데서 아무에게서도
이런 믿음을 본 일이 없다.
내가 너희에게 말한다.
많은 사람이 동과 서에서 와서,
하늘나라에서 아브라함과 이삭과 야곱과 함께
잔치 자리에 앉을 것이다.
그러나 이 나라의 시민들은 바깥 어두운 데로 쫓겨나서,
거기서 울며 이를 갈 것이다.

그리고 예수께서 백부장에게

가거라. 네가 믿은 대로 될 것이다.

하고 말씀하셨다. 바로 그 시각에 그 종이 나았다.

마태복음 9장 1~5절

예수께서 배에 오르셔서, 바다를 건너 자기 마을에 돌아오셨다.
사람들이 중풍병 환자 한 사람을, 침상에 누인 채로, 예수께로 날라 왔다.
예수께서 그들의 믿음을 보시고, 중풍병 환자에게 말씀하셨다.
기운을 내라, 아이야. 네 죄가 용서받았다.
그런데 율법학자 몇이 '이 사람이 하나님을 모독하는구나' 하고
속으로 말하였다. 예수께서 그들의 생각을 아시고 말씀하셨다.
어찌하여 너희는 마음속에 악한 생각을 품고 있느냐?
'네 죄가 용서받았다' 하고 말하는 것과
'일어나서 걸어가거라' 하고 말하는 것 가운데서,
어느 쪽이 더 말하기가 쉬우냐?

바리새파 사람들이 이것을 보고, 예수의 제자들에게 말하였다. "어찌하여 당신네 선생은 세리와 죄인과 어울려서 음식을 드시오?" 예수께서 그 말을 들으시고서 말씀하셨다.

건강한 사람에게는 의사가 필요하지 않으나,
병든 사람에게는 필요하다.
너희는 가서
'내가 바라는 것은 자비요, 희생제물이 아니다'
하신 말씀이 무슨 뜻인지 배워라.

나는 의인을 부르러 온 것이 아니라,
죄인을 부르러 왔다.

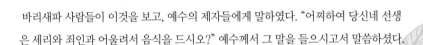

새 포도주는 새 가죽 부대에

마태복음 9장 14~17절

그 때에 요한의 제자들이 예수께 와서 물었다. "우리와 바리새파 사람은 자주 금식을 하는데, 왜 선생님의 제자들은 금식을 하지 않습니까?" 예수께서 그들에게 말씀하셨다.

혼인 잔치의 손님들이 신랑이 자기들과 함께 있는 동안에
슬퍼할 수 있느냐?
그러나 신랑을 빼앗길 날이 올 터이니,
그 때에는 그들이 금식할 것이다.
생베 조각을 낡은 옷에다 대고 깁는 사람은 없다.
그렇게 하면, 새로 댄 조각이 그 옷을 당겨서,
더욱더 크게 찢어진다.
새 포도주를 낡은 가죽 부대에 담는 사람은 없다.
그렇게 하면, 가죽 부대가 터져서, 포도주는 쏟아지고,
가죽 부대는 못 쓰게 된다.

새 포도주는 새 가죽 부대에 담아야 둘 다 보존된다.

"기운 내어라, 딸아!"

마태복음 9장 18~25절

예수께서 이 말씀을 하실 때에, 지도자 한 사람이 와서, 예수께 무릎을 꿇고 말하였다.

"내 딸이 방금 죽었습니다. 그러나 오셔서, 그 아이에게 손을 얹어 주십시오.

그러면 살아날 것입니다."

예수께서 일어나서 그를 따라가셨고, 제자들도 뒤따라갔다.

그런데 열두 해 동안 혈루증으로 앓는 여자가 뒤에서 예수께로 다가와서,

예수의 옷술에 손을 대었다.

그 여자는 속으로 말하기를

"내가 그의 옷에 손을 대기만 하여도 나을 텐데!"했던 것이다.

예수께서 돌아서서, 그 여자를 보시고 말씀하셨다.

기운을 내어라, 딸아.
네 믿음이 너를 구원하였다.

바로 그 때에 그 여자가 나았다. 예수께서 그 지도자의 집에 이르러서,

피리를 부는 사람들과 떠드는 무리를 보시고, 이렇게 말씀하셨다.

모두 물러가거라.
그 소녀는 죽은 것이 아니라, 자고 있다.

그들은 예수를 비웃었다. 무리를 내보낸 다음에, 예수께서 들어가셔서,

그 소녀의 손을 잡으시니, 그 소녀가 벌떡 일어났다.

"너희 믿음대로 되어라!"

마태복음 9장 26~30절

이 소문이 그 온 땅에 퍼졌다.

예수께서 거기에서 떠나가시는데, 눈 먼 사람 둘이

"다윗의 자손이여, 우리를 불쌍히 여겨 주십시오" 하고 외치면서 예수를 뒤따라 왔다.

예수께서 집 안으로 들어가셨는데, 그 눈 먼 사람들이 그에게 나아왔다.

예수께서 그들에게 말씀하셨다.

너희는 내가 이 일을 할 수 있다고 믿느냐?

그들이 "예, 주님!" 하고 대답하였다. 예수께서 그들의 눈에 손을 대시고 말씀하셨다.

너희 믿음대로 되어라.

그러자 그들의 눈이 열렸다. 예수께서 그들에게 엄중히 다짐하셨다.

이 일을 아무에게도 알리지 말아라.

예수께서는 모든 도시와 마을을 두루 다니시면서, 유대 사람의 여러 회당에서 가르치며,
하늘나라의 복음을 선포하며, 온갖 질병과 온갖 아픔을 고쳐 주셨다.
예수께서 무리를 보시고, 그들을 불쌍히 여기셨다.
그들은 마치 목자 없는 양과 같이, 고생에 지쳐서 기운이 빠져 있었기 때문이다.
그래서 제자들에게 말씀하셨다.

추수할 것은 많은데, 일꾼이 적다.
그러므로 너희는 추수하는 주인에게
일꾼들을 그의 추수밭으로 보내시라고 청하여라.

"거저 받았으니 거저 주라!"

마태복음 10장 1~10절

예수께서 열두 제자를 부르셔서, 더러운 귀신을 제어하는 권능을 주시고,

그들이 더러운 귀신을 쫓아내고 온갖 질병과 온갖 허약함을 고치게 하셨다.

열두 사도의 이름은 이러하다.

첫째로 베드로라고 부르는 시몬과, 그의 동생 안드레와

세베대의 아들 야고보와 그의 동생 요한과

빌립과 바돌로매와 도마와 세리 마태와 알패오의 아들 야고보와 다대오와

열혈당원 시몬과 예수를 넘겨준 가룟 사람 유다이다.

예수께서 이들 열둘을 내보내실 때에, 그들에게 이렇게 명하셨다.

이방 사람의 길로도 가지 말고,

또 사마리아 사람의 고을에도 들어가지 말아라.

오히려 길 잃은 양 떼인 이스라엘 백성에게로 가거라.

다니면서 '하늘 나라가 가까이 왔다'고 선포하여라.

앓는 사람을 고쳐 주며, 죽은 사람을 살리며,

나병 환자를 깨끗하게 하며, 귀신을 쫓아내어라.

거저 받았으니, 거저 주어라.

전대에 금화도 은화도 동전도 넣어 가지고 다니지 말아라.

여행용 자루도, 속옷 두 벌도, 신도, 지팡이도, 지니지 말아라.

일꾼이 자기 먹을 것을 얻는 것은 마땅하다.

아무 고을이나 아무 마을에 들어가든지,

거기서 마땅한 사람을 찾아내서,

그 곳을 떠날 때까지 거기에 머물러 있어라.

너희가 그 집에 들어갈 때에, 평화를 빈다고 인사하여라.

그래서 그 집이 평화를 누리기에 알맞으면,

너희가 비는 평화가 그 집에 있게 하고,

알맞지 않으면 그 평화가 너희에게 되돌아오게 하여라.

누구든지 너희를 영접하지 않거나 너희의 말을 듣지 않거든,

그 집이나 그 고을을 떠날 때에,

너희 발에 묻은 먼지를 떨어 버려라.

내가 진정으로 너희에게 말한다.

심판 날에는 소돔과 고모라 땅이

그 고을보다는 견디기가 쉬울 것이다.

보아라, 내가 너희를 내보내는 것이,

마치 양을 이리 떼 가운데로 보내는 것과 같다.

그러므로 너희는 뱀과 같이 슬기롭고,

비둘기와 같이 순진해져라.

사람들을 조심하여라.

그들이 너희를 법정에 넘겨주고,

그들의 회당에서 매질을 할 것이다.

또 너희는 나 때문에, 총독들과 임금들 앞에 끌려나가서,

그들과 이방 사람 앞에서 증언할 것이다.

사람들이 너희를 관가에 넘겨줄 때에,

어떻게 말할까, 또는 무엇을 말할까, 하고 걱정하지 말아라.

너희가 무슨 말을 해야 할지, 그 때에 지시를 받을 것이다.

말하는 이는 너희가 아니라,

너희 안에서 말씀하시는 아버지의 영이시다.

믿음의 연단

마태복음 10장 21~25절

형제가 형제를 죽음에 넘겨주고, 아버지가 자식을 또한 그렇게 하고,

자식이 부모를 거슬러 일어나서 부모를 죽일 것이다.

너희는 내 이름 때문에 모든 사람에게서 미움을 받을 것이다.

그러나 끝까지 견디는 사람은 구원을 얻을 것이다.

이 고을에서 너희를 박해하거든, 저 고을로 피하여라.

내가 진정으로 너희에게 말한다.

너희가 이스라엘의 고을들을 다 돌기 전에
인자가 올 것이다.

제자가 스승보다 높지 않고, 종이 주인보다 높지 않다.

제자가 제 스승만큼 되고, 종이 제 주인만큼 되면, 충분하다.

그들이 집주인을 바알세불이라고 불렀거든,

하물며 그 집 사람들에게야 얼마나 더 심하겠느냐!

그러므로 너희는 그들을 두려워하지 말아라.

덮어 둔 것이라고 해도 벗겨지지 않을 것이 없고,

숨긴 것이라 해도 알려지지 않을 것이 없다.

내가 너희에게 어두운 데서 말하는 것을,

너희는 밝은 데서 말하여라.

너희가 귓속말로 듣는 것을, 지붕 위에서 외쳐라.

그리고 몸은 죽일지라도

영혼은 죽이지 못하는 이를 두려워하지 말고,

영혼도 몸도 둘 다 지옥에 던져서
멸망시킬 수 있는 분을 두려워하여라.

"너희는 귀하다!"

마태복음 10장 29~31절

참새 두 마리가 한 냥에 팔리지 않느냐?
그러나 그 가운데서 하나라도
너희 아버지께서 허락하지 않으시면,
땅에 떨어지지 않을 것이다.
아버지께서는 너희의 머리카락까지도
다 세어 놓고 계신다.

그러니 두려워하지 말아라.
너희는 많은 참새보다 더 귀하다.

누구든지 사람들 앞에서
나를 시인하면
나도 하늘에 계신 내 아버지 앞에서
그 사람을 시인할 것이다.
그러나 누구든지
사람들 앞에서 나를 부인하면
나도 하늘에 계신
내 아버지 앞에서
그 사람을 부인할 것이다ㅡ

너희는 내가 세상에 평화를 주려고 온 줄로

생각하지 말아라.

평화가 아니라 칼을 주려고 왔다.

나는, 사람이 자기 아버지와 맞서게 하고,

딸이 자기 어머니와 맞서게 하고,

며느리가 자기 시어머니와 맞서게 하려고 왔다.

사람의 원수가 자기 집안 식구일 것이다.

나보다 아버지나 어머니를 더 사랑하는 사람은

내게 적합하지 않고,

나보다 아들이나 딸을 더 사랑하는 사람도

내게 적합하지 않다.

또 자기 십자가를 지고 나를 따르지 않는 사람도

내게 적합하지 않다.

자기 목숨을 얻으려는 사람은 목숨을 잃을 것이요,
나를 위하여 자기 목숨을 잃는 사람은
목숨을 얻을 것이다.

너희를 맞아들이는 사람은
나를 맞아들이는 것이요
나를 맞아들이는 사람은
나를 보내신 분을 맞아들이는 것이다.
예언자를 예언자로 맞아들이는 사람은,
예언자가 받을 상을 받을 것이요,
의인을 의인이라고 해서 맞아들이는 사람은
의인이 받을 상을 받을 것이다

내가 진정으로 너희에게 말한다.
이 작은 사람들 가운데 하나에게,
내 제자라 해서 냉수 한 그릇이라도
주는 사람은 절대로 자기가 받을 상을
잃지 않을 것이다—

세례자 요한 이후의 하늘나라

마태복음 11장 11~15절

내가 진정으로 너희에게 말한다.

여자가 낳은 사람 가운데서

세례자 요한보다 더 큰 인물은 없었다.

그런데 하늘나라에서는 아무리 작은 이라도

요한보다 더 크다.

세례자 요한 때로부터 지금까지,

하늘나라는 힘을 떨치고 있다.

그리고 힘을 쓰는 사람들이 그것을 차지한다.

모든 예언자와 율법서는, 요한에 이르기까지,

하늘나라가 올 것을 예언하였다.

너희가 그 예언을 기꺼이 받아들이려고 하면, 요한,

바로 그 사람이 오기로 되어 있는 엘리야이다.

들을 귀가 있는 사람은 들어라.

지혜의 증명

마태복음 11장 16~19절

이 세대를 무엇에 비길까?

마치 아이들이 장터에 앉아서,

다른 아이들에게 이렇게 말하는 것과 같다.

'우리가 너희에게 피리를 불어도 너희는 춤을 추지 않았고,

우리가 곡을 해도, 너희는 울지 않았다.'

요한이 와서, 먹지도 않고 마시지도 않았다.

그러니까 사람들이 말하기를, '그는 귀신이 들렸다' 하고,

인자는 와서, 먹기도 하고 마시기도 하니, 그들이 말하기를

'보아라, 저 사람은 마구 먹어대는 자요, 포도주를 마시는 자요,

세리와 죄인의 친구다' 한다.

그러나 지혜는 그 한 일로 옳다는 것이 입증되었다.

하늘과 땅의 주인이신 아버지
이 일을 지혜있고 똑똑한
사람들에게는 감추시고
어린아이들에게는 드러내 주셨으
감사합니다.
그렇습니다. 아버지, 이것이 아버지의
은혜로운 뜻입니다.
내 아버지께서 모든 것을
내게 맡겨 주셨습니다.
아버지 밖에는 아들을 아는 이가 없으며
아들과 또 아들이 계시하여 주려고
하는 사람 밖에는
아버지를 아는 이가 없습니다.

그분의 '멍에'와 우리의 '쉼'

마태복음 11장 28~30절

수고하고 무거운
짐을 진 사람은
모두 내게로 오너라.
내가 너희를 쉬게 하겠다.
나는 마음이 온유하고
겸손하니
내 멍에를 메고
나한테 배워라.
그리하면 너희는 마음에
쉼을 얻을 것이다.
내 멍에는 편하고
내 짐은 가볍다.

마태복음 12장 29~30절

사람이 먼저 힘 센 사람을 묶어 놓지 않고서,

어떻게 그 사람의 집에 들어가서 세간을 털어 갈 수 있느냐?

묶어 놓은 뒤에야, 그 집을 털어 갈 수 있다.

나와 함께 하지 않는 사람은 나를 반대하는 사람이요,

나와 함께 모으지 않는 사람은 헤치는 사람이다.

사람들이 무슨 죄를 짓든지,

무슨 신성 모독적인 말을 하든지,

그들은 용서를 받을 것이다.

그러나 성령을 모독하는 것은 용서를 받지 못할 것이다.

누구든지 인자를 거슬러 말하는 사람은 용서를 받겠으나,

성령을 거슬러 말하는 사람은,

이 세상에서도 오는 세상에서도, 용서를 받지 못할 것이다.

마음에 가득 찬 것을 입으로 말하는 법이다.

선한 사람은 선한 것을 쌓아 두었다가 선한 것을 내고,

악한 사람은 악한 것을 쌓아두었다가 악한 것을 낸다.

내가 너희에게 말한다.

사람들은 심판 날에

자기가 말한 온갖 쓸데없는 말을 해명해야 할 것이다.

너는 네가 한 말로, 무죄 선고를 받기도 하고,

유죄 선고를 받기도 할 것이다.

악하고, 음란한 세대가 표징을 요구하지만,

예언자 요나의 표징 밖에는,

이 세대는 아무 표징도 받지 못할 것이다.

요나가 사흘 낮과 사흘 밤 동안을

큰 물고기 뱃속에 있었던 것 같이,

인자도 사흘 낮과 사흘 밤 동안을 땅 속에 있을 것이다.

심판 때에 니느웨 사람들이 이 세대와 함께 일어나서,

이 세대를 정죄할 것이다.

니느웨 사람들은 요나의 선포를 듣고 회개하였기 때문이다.

그러나 보아라,

요나보다 더 큰 이가 여기에 있다.

심판 때에 남방 여왕이 이 세대와 함께 일어나서,

이 세대를 정죄할 것이다.

그는 솔로몬의 지혜를 들으려고,

땅 끝에서부터 찾아왔기 때문이다.

그러나 보아라, 솔로몬보다 더 큰 이가 여기에 있다.

악한 귀신이 어떤 사람에게서 나왔을 때에,

그는 쉴 곳을 찾느라고 물 없는 곳을 헤맸으나

찾지 못하였다.

그래서 그는 말하기를 '내가 나온 집으로 되돌아가겠다' 하고,

돌아와서 보니, 그 집은 비어 있고,

말끔히 치워져서 잘 정돈되어 있었다.

그래서 그는 가서, 자기보다 더 악한 딴 귀신 일곱을 데리고 와서,

그 집에 들어가 거기에 자리를 잡고 살았다.

그래서 그 사람의 나중 형편이 처음보다 더 비참하게 되었다.

이 악한 세대도 그렇게 될 것이다.

보아라, 씨를 뿌리는 사람이 씨를 뿌리러 나갔다.

그가 씨를 뿌리는데, 더러는 길가에 떨어지니,

새들이 와서, 그것을 쪼아먹었다.

또 더러는 흙이 많지 않은 돌짝밭에 떨어지니,

흙이 깊지 않아서 싹은 곧 났지만,

해가 뜨자 타버리고, 뿌리가 없어서 말라버렸다.

또 더러는 가시덤불에 떨어지니,

가시덤불이 자라서 그 기운을 막았다.

그러나 더러는 좋은 땅에 떨어져서 열매를 맺었는데,
어떤 것은 백 배가 되고, 어떤 것은 육십 배가 되고,
어떤 것은 삼십 배가 되었다.
귀 있는 사람은 들어라.

부익부 빈익빈

마태복음 13장 12~15절

가진 사람은 더 받아서 차고 남을 것이며,

가지지 못한 사람은 가진 것마저 빼앗길 것이다.

내가 그들에게 비유로 말하는 이유는,

그들이 보아도 보지 못하고,

들어도 듣지도 못하고 깨닫지도 못하기 때문이다.

이사야의 예언이 그들에게서 이루어지는 것이다.

'너희가 듣기는 들어도 깨닫지 못하고,

보기는 보아도 알아보지 못할 것이다.

이 백성의 마음이 무디어지고 귀가 먹고 눈이 감기어 있다.

이는 그들로 하여금 눈으로 보지 못하게 하고

귀로 듣지 못하게 하고 마음으로 깨닫지 못하게 하고

돌아서지 못하게 하여,

내가 그들을 고쳐 주지 않으려는 것이다.'

마태복음 13장 16~17절

너희의 눈은 지금 보고 있으니 복이 있으며,

너희의 귀는 지금 듣고 있으니 복이 있다.

그러므로 내가 진정으로 너희에게 말한다.

많은 예언자와 의인이 너희가 지금 보고 있는 것을

보고 싶어 하였으나 보지 못하였고,

너희가 지금 듣고 있는 것을 듣고 싶어 하였으나

듣지 못하였다.

씨를 훼방하는 세상 염려

마태복음 13장 19~23절

누구든지 하늘나라를 두고 하는 말씀을 듣고도

깨닫지 못하면,

악한 자가 와서, 그 마음에 뿌려진 것을 빼앗아 간다.

길가에 뿌린 씨는 그런 사람을 두고 하는 말이다.

또 돌짝밭에 뿌린 씨는 이런 사람이다.

그는 말씀을 듣고, 곧 기쁘게 받아들이기는 하지만,

그 속에 뿌리가 없어서 오래 가지 못하고,

말씀 때문에 환난이나 박해가 일어나면, 곧 걸려 넘어진다.

또 가시덤불 속에 뿌린 씨는 이런 사람이다.

그는 말씀을 듣기는 하지만,

세상의 염려와 재물의 유혹이 말씀을 막아,

열매를 맺지 못한다.

그런데 좋은 땅에 뿌린 씨는

말씀을 듣고서 깨닫는 사람을 두고 하는 말인데,

이 사람이야말로 열매를 맺되,

백 배 혹은 육십 배 혹은 삼십 배의 결실을 낸다.

가라지를 뽑지 않는 이유

마태복음 13장 24~30절

하늘나라는 자기 밭에다가

좋은 씨를 뿌리는 사람과 같다.

사람들이 잠자는 동안에 원수가 와서,

밀 가운데에 가라지를 뿌리고 갔다.

밀이 줄기가 나서 열매를 맺을 때에, 가라지도 보였다.

그래서 주인의 종들이 와서, 그에게 말하였다.

'주인 어른, 어른께서 밭에 좋은 씨를 뿌리지 않으셨습니까?

그런데 가라지가 어디에서 생겼습니까?'

주인이 종들에게 말하기를 '원수가 그렇게 하였구나' 하였다.

종들이 주인에게 말하기를

'그러면 우리가 가서, 그것들을 뽑아 버릴까요?' 하였다.

그러나 주인은 이렇게 대답하였다.

'아니다. 가라지를 뽑다가,

가라지와 함께 밀까지 뽑으면, 어떻게 하겠느냐?

추수 때까지 둘 다 함께 자라도록 내버려 두어라.

추수할 때에, 내가 추수꾼에게,

먼저 가라지를 뽑아 단으로 묶어서 불태워 버리고,

밀은 내 곳간에 거두어들이라고 하겠다.'"

하늘나라는 겨자씨와 같다.
어떤 사람이 가져다가
자기 밭에 심었다.
겨자씨는 어떤 씨보다
더 작은 것이지만.
자라면 어떤 풀보다 더 커져서
나무가 된다.
그리하여 공중의 새들이 와서,
그 가지에 깃들인다

하늘나라는 누룩과 같다.
어떤 여자가 그것을 가져다가,
가루 서 말 속에 살짝 섞어 넣으니,
마침내 온통 부풀어올랐다.

좋은 씨를 뿌리는 이는 인자요,
밭은 세상이다.
좋은 씨는 그 나라의 자녀들이요,
가라지는 악한 자의 자녀들이다.
가라지를 뿌린 원수는 악마요,
추수 때는 세상 끝 날이요,
추수꾼은 천사들이다.
가라지를 모아다가 불에 태워 버리는 것과 같이,
세상 끝 날에도 그렇게 할 것이다.

인자가 천사들을 보낼 터인데,

그들은 죄짓게 하는 모든 일들과

불법을 행하는 모든 사람들을 자기 나라에서

모조리 끌어 모아다가, 불 아궁이에 쳐 넣을 것이다.

그러면 그들은 거기서 울며 이를 갈 것이다.

그 때에 의인들은 그들의 아버지의 나라에서

해와 같이 빛날 것이다.

귀 있는 사람은 들어라.

하늘나라는,
밭에 숨겨 놓은
보물과 같다.

어떤 사람이 그것을
발견하면,

제 자리에
숨겨 두고,
기뻐하며 집에
돌아가서는,
가진 것을 다 팔아서
그 밭을 산다.

또 하늘나라는, 좋은 진주를 구하는 상인과 같다.

그가 값진 진주 하나를 발견하면, 가서,

가진 것을 다 팔아서 그것을 산다.

또 하늘나라는, 바다에 그물을 던져서

온갖 고기를 잡아 올리는 것과 같다.

그물이 가득 차면, 해변에 끌어올려 놓고 앉아서,

좋은 것들은 그릇에 담고, 나쁜 것들은 내버린다.

시대의 징조와 표징
마태복음 16장 2~4절

너희는 저녁 때에는
'하늘이 붉은 것을 보니 내일은 날씨가 맑겠구나' 하고,
아침에는 '하늘이 붉고 흐린 것을 보니
오늘은 날씨가 궂겠구나' 한다.
너희는 하늘의 징조는 분별할 줄 알면서,
시대의 징조들은 분별하지 못하느냐?
악하고 음란한 세대가 표징을 요구하지만,
이 세대는, 요나의 표징 밖에는,
아무 표징도 받지 못할 것이다.

누구든지 나를 따라오려거든
자기를 부인하고
제 십자가를 지고
나를 따라 오너라~

누구든지 자기 목숨을
구하고자 하는 사람은
잃을 것이요
나 때문에 자기 목숨을
잃은 사람은
찾을 것이다

마태복음 16장 26~28절

사람이 온 세상을 얻고도 제 목숨을 잃으면,

무슨 이득이 있겠느냐?

또 사람이 제 목숨을 되찾는 대가로 무엇을 내놓겠느냐?

인자가 자기 아버지의 영광에 싸여,

자기 천사들을 거느리고 올 터인데,

그 때에 그는 각 사람에게, 그 행실대로 갚아 줄 것이다.

내가 진정으로 너희에게 말한다.

여기에 서 있는 사람들 가운데는,

죽음을 맛보지 않고 살아서,

인자가 자기 왕권을 차지하고 오는 것을 볼 사람들도 있다.

확실히, 엘리야가 와서, 모든 것을 회복시킬 것이다.

내가 너희에게 말한다.

엘리야는 이미 왔다.

그러나 사람들이 그를 알지 못하고,

그를 함부로 대하였다.

인자도 이와 같이, 그들에게 고난을 받을 것이다.

마태복음 17장 20절

내가 진정으로 너희에게 말한다.
너희에게 겨자씨 한 알만한 믿음이라도 있으면,
이 산더러 '여기에서 저기로 옮겨가라!' 하면
그대로 될 것이요,
너희가 못할 일이 없을 것이다.

마태복음 18장 3~5절

내가 진정으로 너희에게 말한다.
너희가 돌이켜서 어린이들과 같이 되지 않으면,
절대로 하늘나라에 들어가지 못할 것이다.
그러므로 누구든지 이 어린이와 같이
자기를 낮추는 사람이 하늘나라에서는 가장 큰 사람이다.
또 누구든지 내 이름으로 이런 어린이 하나를 영접하면,
나를 영접하는 것이다.

너희는 이 작은 사람들 가운데서

한 사람이라도 업신여기지 않도록 조심하여라.

내가 너희에게 말한다.

하늘에서 그들의 천사들이

하늘에 계신 내 아버지의 얼굴을 늘 보고 있다.

어떤 사람에게 양 백 마리가 있는데,

그 가운데 한 마리가 길을 잃었다고 하면,

그는 아흔아홉 마리를 산에다 남겨 두고서,

길을 잃은 그 양을 찾아 나서지 않겠느냐?

내가 너희에게 말한다.

그가 그 양을 찾으면,

길을 잃지 않은 아흔아홉 마리 양보다,

오히려 그 한 마리 양을 두고 더 기뻐할 것이다.

이와 같이, 이 작은 사람들 가운데서 하나라도 망하는 것은,

하늘에 계신 너희 아버지의 뜻이 아니다.

형제가 죄를 짓거든

마태복음 18장 15~17절

네 형제가 너에게 죄를 짓거든,

가서, 단 둘이 있는 자리에서 그에게 충고하여라.

그가 너의 말을 들으면, 너는 그 형제를 얻은 것이다.

그러나 듣지 않거든, 한두 사람을 더 데리고 가거라.

그가 하는 모든 말을,

두세 증인의 입을 빌어서 확정지으려는 것이다.

그러나 그 형제가 그들의 말도 듣지 않거든,

교회에 말하여라.

교회의 말조차 듣지 않거든,

그를 이방 사람이나 세리와 같이 여겨라.

내가 진정으로 너희에게 말한다
무엇이든지, 너희가 땅에서 매는 것은
하늘에서도 매일 것이요,
땅에서 푸는 것은 하늘에서도 풀릴 것이다
내가 진정으로 거듭 너희에게 말한다
땅에서 너희 가운데 두 사람이
합심하여 무슨 일이든 구하면,
하늘에 계신 내 아버지께서 그들에게
이루어 주실 것이다.
두세 사람이 내 이름으로 모여 있는 자리,
거기에 내가 그들 가운데 있다.

살인하지 말아라.

간음하지 말아라.

도둑질하지 말아라.

거짓 증언을 하지 말아라.

아버지와 어머니를 공경하여라.

그리고,

네 이웃을 네 몸과 같이 사랑하여라.

부자와 하늘나라II

마태복음 19장 23~24절

내가 진정으로 너희에게 말한다.
부자는 하늘나라에 들어가기가 어렵다.
내가 다시 너희에게 말한다.
부자가 하나님 나라에 들어가는 것보다
낙타가 바늘귀로 지나가는 것이 더 쉽다.

먼저 된 사람과 나중 된 사람

마태복음 19장 28~30절

내가 진정으로 너희에게 말한다.

새 세상에서 인자가 자기의 영광스러운 보좌에 앉을 때에,

나를 따라온 너희도 열두 보좌에 앉아서,

이스라엘 열두 지파를 심판할 것이다.

내 이름을 위하여 집이나 형제나 자매나

아버지나 어머니나 자식이나 땅을 버린 사람은,

백 배나 받을 것이요, 또 영원한 생명을 물려받을 것이다.

그러나, 첫째가 된 사람들이 꼴찌가 되고,

꼴찌가 된 사람들이 첫째가 되는 경우가 많을 것이다.

마태복음 20장 25~28절

너희가 아는 대로,

이방 민족들의 통치자들은 백성을 마구 내리누르고,

고관들은 백성에게 세도를 부린다.

그러나 너희끼리는 그렇게 해서는 안 된다.

너희 가운데서 위대하게 되고자 하는 사람은

누구든지 너희를 섬기는 사람이 되어야 하고,

너희 가운데서 으뜸이 되고자 하는 사람은

너희의 종이 되어야 한다.

인자는 섬김을 받으러 온 것이 아니라 섬기러 왔으며,

많은 사람을 위하여

자기 목숨을 몸값으로 치러 주려고 왔다.

내가 진정으로 너희에게 말한다.

너희가 믿고 의심하지 않으면,

이 무화과나무에 한 일을 너희도 할 수 있을 뿐 아니라,

이 산더러 '들려서 바다에 빠져라' 하고 말해도,

그렇게 될 것이다.

또 너희가 기도할 때에,

이루어질 것을 믿으면서 구하는 것은,

무엇이든지 다 받을 것이다.

어떤 사람에게 아들이 둘 있는데,

아버지가 맏아들에게 가서

'얘야, 너 오늘 포도원에 가서 일해라' 하고 말하였다.

그런데 맏아들은 대답하기를 '싫습니다' 하고 말하였다.

그러나 그 뒤에 그는 뉘우치고 일하러 갔다.

아버지는 둘째 아들에게 가서, 같은 말을 하였다.

그는 대답하기를, '예, 가겠습니다, 아버지'

하고서는, 가지 않았다.

그런데 이 둘 가운데서 누가 아버지의 뜻을 행하였느냐?

네 마음을 다하고,
네 목숨을 다 하고,
네 뜻을 다하여,
주 너의 하나님을
사랑하여라 하였으며,
이것이 가장 중요하고 으뜸 가는 계명이다,
둘째 계명도 이것과 같은데,
네 이웃을 네 몸과 같이
사랑하여라 한 것이다,
이 두 계명에 온 율법과 예언서의
본 뜻이 달려 있다.

그리스도와 다윗의 자손
마태복음 22장 41~46절

바리새파 사람들이 모였을 때에, 예수께서 그들에게 물으셨다.

"너희는 그리스도를 어떻게 생각하느냐?
그는 누구의 자손이냐?"

그들이 예수께 대답하였다. "다윗의 자손입니다."

예수께서 다시 그들에게 말씀하셨다.

"그러면 다윗이 성령의 감동을 받아,
그를 주님이라고 부르면서 말하기를,
'주님께서 내 주께 말씀하셨다.
내가 네 원수를 네 발 아래에 굴복시킬 때까지,
너는 내 오른쪽에 앉아 있어라' 하였으니,
이것이 어찌된 일이냐?
다윗이 그리스도를 주라고 불렀는데,
어떻게 그리스도가 그의 자손이 되겠느냐?"

그러자 아무도 예수께 한 마디도 대답하지 못했으며,
그 날부터는 그에게 감히 묻는 사람도 없었다.

너희는 랍비라는 호칭을 듣지 말아라.

너희의 선생은 한 분뿐이요,

너희는 모두 형제자매들이다.

또 너희는 땅에서 아무도

너희의 아버지라고 부르지 말아라.

너희의 아버지는 하늘에 계신 분, 한 분뿐이시다.

또 너희는 지도자라는 호칭을 듣지 말아라.

너희의 지도자는 그리스도 한 분뿐이시다.

너희 가운데서 으뜸가는 사람은

너희를 섬기는 사람이 되어야 한다.

자기를 높이는 사람은 낮아지고,
자기를 낮추는 사람은 높아질 것이다.

마태복음 23장 13~15절

율법학자들과 바리새파 사람들아! 위선자들아!

너희에게 화가 있다.

너희는 사람들이 들어오지 못하도록

하늘나라의 문을 닫기 때문이다.

너희는 자기도 들어가지 않고,

들어가려고 하는 사람도 들어가지 못하게 하고 있다.

율법학자들과 바리새파 사람들아! 위선자들아!

너희에게 화가 있다!

너희는 개종자 한 사람을 만들려고

바다와 육지를 두루 다니다가,

하나가 생기면, 그를 너희보다 배나 더 못된

지옥의 자식으로 만들어 버리기 때문이다.

마태복음 23장 23~25절

율법학자들과 바리새파 사람들아! 위선자들아!

너희에게 화가 있다!

너희는 박하와 회향과 근채의 십일조는 드리면서,

정의와 자비와 신의와 같은 율법의 더 중요한 요소들은 버렸다.

그것들도 소홀히 하지 않아야 했지만,

이것들도 마땅히 행해야 했다.

눈 먼 인도자들아! 너희는 하루살이는 걸러내면서,

낙타는 삼키는구나!

율법학자들과 바리새파 사람들아! 위선자들아!

너희에게 화가 있다. 너희는 잔과 접시의 겉은 깨끗이 하지만,

그 안은 탐욕과 방종으로 가득 채우기 때문이다.

마태복음 23장 26~28절

눈 먼 바리새파 사람들아! 먼저 잔 안을 깨끗이 하여라.

그리하면 그 겉도 깨끗하게 될 것이다.

율법학자들과 바리새파 사람들아! 위선자들아!

너희에게 화가 있다.

너희는 회칠한 무덤과 같기 때문이다.

그것은 겉으로는 아름답게 보이지만,

그 안에는 죽은 사람의 뼈와 온갖 더러운 것이 가득하다.

이와 같이, 너희도 겉으로는 사람에게 의롭게 보이지만,

속에는 위선과 불법이 가득하다.

성전 파괴의 예언

마태복음 24장 1~2절

예수께서 성전에서 나와서 걸어가시는데,
제자들이 다가와서, 성전 건물을 그에게 가리켜 보였다.
예수께서 그들에게 말씀하셨다.

너희는 이 모든 것을 보고 있지 않느냐?
내가 진정으로 너희에게 말한다.
여기에 돌 하나도 돌 위에 남아 있지 않고,
다 무너질 것이다.

192

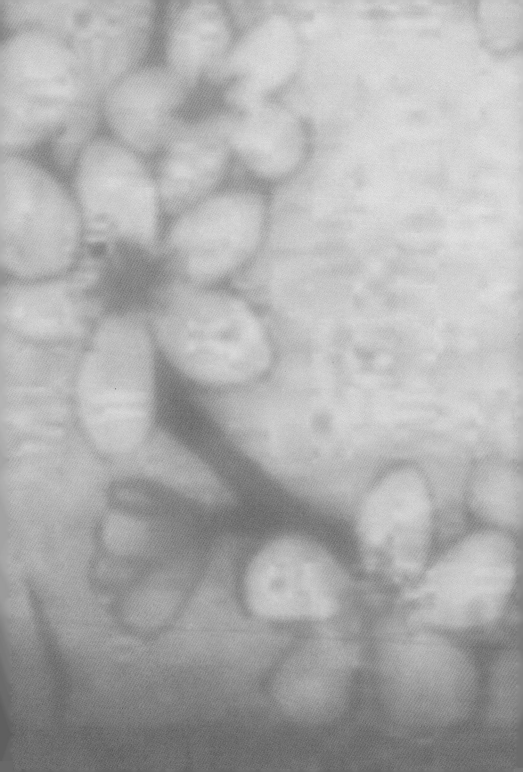

세상 끝 날의 징조

마태복음 24장 3~6절

예수께서 올리브 산에 앉아 계실 때에, 제자들이 따로 그에게 다가와서 말하였다. "이런 일들이 언제 일어나겠습니까? 선생님께서 다시 오시는 때와 세상 끝 날에는 어떤 징조가 있겠습니까? 우리에게 말씀해 주십시오." 예수께서 그들에게 말씀하셨다.

누구에게도 속지 않도록 조심하여라.

많은 사람이 내 이름으로 와서 말하기를

'내가 그리스도이다' 하면서, 많은 사람을 속일 것이다.

또 너희는 여기저기서 전쟁이 일어난 소식과

전쟁이 일어나리라는 소문을 들을 것이다.

그러나 너희는 당황하지 않도록 주의하여라.

이런 일이 반드시 일어나야 한다.

그러나 아직 끝은 아니다.

민족이 민족을 거슬러 일어나고,

나라가 나라를 거슬러 일어날 것이며,

여기저기서 기근과 지진이 있을 것이다.

그러나 이런 모든 일은 진통의 시작이다.

그 때에 사람들이 너희를 환난에 넘겨줄 것이며,

너희를 죽일 것이다.

또 너희는 내 이름 때문에,

모든 민족에게 미움을 받을 것이다.

또 많은 사람이 걸려서 넘어질 것이요,

서로 넘겨주고, 서로 미워할 것이다.

또 거짓 예언자들이 많이 일어나서,

많은 사람을 홀릴 것이다.

그리고 불법이 성하여, 많은 사람의 사랑이 식을 것이다.

그러나 끝까지 견디는 사람은 구원을 얻을 것이다.

이 하늘 나라의 복음이 온 세상에 전파되어서,

모든 민족에게 증언될 것이다. 그 때에야 끝이 올 것이다.

그러므로 너희는 예언자 다니엘이 말한 바,

황폐하게 하는 가증스러운 물건이

거룩한 곳에 서 있는 것을 보거든, 읽는 사람은 깨달아라.

마태복음 24장 21~22절

그 때에 큰 환난이 닥칠 것인데,

그런 환난은 세상 처음부터 이제까지 없었으며,

앞으로도 없을 것이다.

그 환난의 날들을 줄여 주지 않으셨다면,

구원을 얻을 사람이 하나도 없을 것이다.

그러나 선택받은 사람들을 위하여,

하나님께서 그 날들을 줄여 주실 것이다.

재난

마태복음 24장 23~28절

그 때에 누가 너희에게 말하기를

'보시오, 그리스도가 여기 계시오'

혹은 '아니, 여기 계시오' 하더라도, 믿지 말아라.

거짓 그리스도들과 거짓 예언자들이 일어나서,

큰 표징과 기적을 일으키면서, 할 수만 있으면,

선택받은 사람들까지도 홀릴 것이다.

보아라, 내가 너희에게 미리 말하여 둔다.

그러므로 그들이 너희에게

'보아라, 그리스도가 광야에 계신다' 하고 말하더라도

너희는 나가지 말고, '그리스도가 골방에 계신다' 하더라도

너희는 믿지 말아라.

번개가 동쪽에서 나서 서쪽에까지 번쩍이듯이,

인자가 오는 것도 그러할 것이다.

주검이 있는 곳에는 독수리가 모여들 것이다.

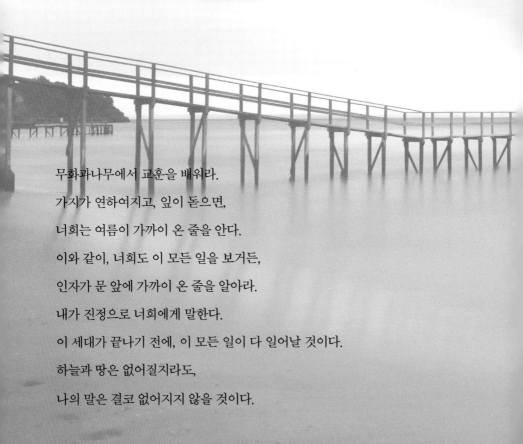

무화과나무의 교훈
마태복음 24장 32~35절

무화과나무에서 교훈을 배워라.

가지가 연하여지고, 잎이 돋으면,

너희는 여름이 가까이 온 줄을 안다.

이와 같이, 너희도 이 모든 일을 보거든,

인자가 문 앞에 가까이 온 줄을 알아라.

내가 진정으로 너희에게 말한다.

이 세대가 끝나기 전에, 이 모든 일이 다 일어날 것이다.

하늘과 땅은 없어질지라도,

나의 말은 결코 없어지지 않을 것이다.

그 날과 그 시각은
아무도 모른다
하늘의 천사들도 모르고,
아들도 모르고,
오직 아버지만이
아신다.

마태복음 24장 37~41절

노아의 때와 같이, 이 인자가 올 때에도 그러할 것이다.

홍수 이전 시대에, 노아가 방주에 들어가는 날까지,

사람들은 먹고 마시고 장가가고 시집가며 지냈다.

홍수가 나서 그들을 모두 휩쓸어 가기까지,

그들은 아무것도 알지 못하였다.

인자가 올 때에도 그러할 것이다.

그 때에 두 사람이 밭에 있을 터이나,

하나는 데려가고, 하나는 버려둘 것이다.

두 여자가 맷돌을 갈고 있을 터이나,

하나는 데려가고, 하나는 버려둘 것이다.

마태복음 24장 42~44절

깨어 있어라.

너희는 너희 주님께서 어느 날에 오실지를

알지 못하기 때문이다.

이것을 명심하여라.

집주인이 도둑이 밤 몇 시에 올지 알고 있으면,

그는 깨어 있어서, 도둑이 집을 뚫고 들어오도록

내버려두지 않았을 것이다.

그러므로 너희도 준비하고 있어라.

너희가 생각하지도 않는 시각에

인자가 올 것이기 때문이다.

누가 신실하고 슬기로운 종이겠느냐?

주인이 그에게 자기 집 하인들을 통솔하게 하고,

제 때에 양식을 내주라고 맡겼으면,

그는 어떻게 해야 하겠느냐?

주인이 돌아와서 볼 때에,

그렇게 하고 있는 그 종은 복이 있다.

내가 진정으로 너희에게 말한다.

주인은 자기 모든 재산을 그에게 맡길 것이다.

그러나 그가 나쁜 종이어서,

마음속으로 생각하기를, '주인이 늦게 오시는구나' 하면서,

동료들을 때리고, 술친구들과 어울려 먹고 마시면,

생각하지도 않은 날에, 뜻밖의 시각에 그 종의 주인이 와서

그 종을 처벌하고, 위선자들이 받을 벌을 내릴 것이다.

거기서 슬피 울며 이를 가는 일이 있을 것이다.

인자가 모든 천사와 더불어 영광에 둘러싸여서 올 때에,

그는 자기의 영광의 보좌에 앉을 것이다.

그는 모든 민족을 그의 앞에 불러모아,

목자가 양과 염소를 가르듯이 그들을 갈라서,

양은 그의 오른쪽에, 염소는 그의 왼쪽에 세울 것이다.

그 때에 임금은 자기 오른쪽에 있는 사람들에게 말하기를

'내 아버지께 복을 받은 사람들아,

와서, 창세 때로부터 너희를 위하여 준비한 이 나라를 차지하여라.

너희는, 내가 주릴 때에 내게 먹을 것을 주었고,

목마를 때에 마실 것을 주었으며,

나그네로 있을 때에 영접하였고,

헐벗을 때에 입을 것을 주었고,

병들어 있을 때에 돌보아 주었고,

감옥에 갇혀 있을 때에 찾아 주었다'할 것이다.

그 때에 의인들은 그에게 대답하기를

'주님, 우리가 언제, 주님께서 주리신 것을 보고

잡수실 것을 드리고, 목마르신 것을 보고 마실 것을 드리고,

나그네 되신 것을 보고 영접하고, 헐벗으신 것을 보고 입을 것을 드리고,

언제 병드시거나 감옥에 갇히신 것을 보고 찾아갔습니까?'

하고 말할 것이다.

임금이 그들에게 말하기를

'내가 진정으로 너희에게 말한다. 너희가 여기 내 형제자매 가운데,

지극히 보잘 것 없는 사람 하나에게 한 것이곧 내게 한 것이다'

할 것이다.

마태복음 26장 6~13절

예수께서 베다니에서 나병환자 시몬의 집에 계실 때에, 한 여자가 매우 값진 향유 한 옥합을 가지고 와서는, 음식을 잡수시고 계시는 예수의 머리에 부었다. 그런데 제자들이 이것을 보고 분개하여 말하였다. "왜 이렇게 낭비하는 거요? 이 향유를 비싼 값에 팔아서, 가난한 사람들에게 줄 수 있었을 텐데요!" 예수께서 이것을 보시고 그들에게 말씀하셨다.

왜 이 여자를 괴롭히느냐?
그는 내게 아름다운 일을 하였다.
가난한 사람들은 늘 너희와 함께 있지만,
나는 늘 너희와 함께 있는 것이 아니다.
이 여자가 내 몸에 향유를 부은 것은,
내 장례를 치르려고 한 것이다.
내가 진정으로 너희에게 말한다.
온 세상 어디서든지, 이 복음이 전파되는 곳에서는,
이 여자가 한 일도 전해져서, 그를 기억하게 될 것이다.

예수께서 빵을 들어서 축복하신 다음에, 떼어서 제자들에게 주시고 말씀하셨다.

받아서 먹어라. 이것은 내 몸이다.

또 잔을 들어서 감사 기도를 드리신 다음에, 그들에게 주시고 말씀하셨다.

모두 돌려가며 이 잔을 마셔라.

이것은 죄를 사하여 주려고 많은 사람을 위하여 흘리는

나의 피, 곧 언약의 피다.

내가 너희에게 말한다.

이제부터 내가 나의 아버지의 나라에서

너희와 함께 새 것을 마실 그 날까지,

나는 포도나무 열매로 빚은 것을 절대로 마시지 않을 것이다.

나의 아버지
하실 수만 있으시면
이 잔을 내게서 지나가게
해주십시오.
그러나 내 뜻대로
하지 마시고
아버지의 뜻대로
해주십시오

나는 하늘과 땅의 모든 권세를 받았다.
그러므로 너희는 가서
모든 민족을 제자로 삼아서
아버지와 아들과 성령의 이름으로 세례를 주고
내가 너희에게 모든 것을 그들에게
가르쳐 지키게 하여라.
보아라, 내가 세상 끝 날까지
항상 너희와 함께 있을 것이다.